Armin Täubner

Kinder, der Herbst ist da!

Fensterbilder aus Tonkarton

Von Armin Täubner sind im Handel zahlreiche Titel erhältlich.
Hier eine Auswahl:

ISBN 3-931568-07-5

ISBN 3-931568-08-3

ISBN 3-931568-05-9

ISBN 3-931568-04-0

ISBN 3-931568-10-5

ISBN 3-7724-2096-6

Zeichnungen: Armin Täubner

Materialangaben und Arbeitshinweise in diesem Buch wurden vom Autor und den Mitarbeitern des Verlags sorgfältig geprüft. Eine Garantie wird jedoch nicht übernommen. Autor und Verlag können für eventuell auftretende Fehler oder Schäden nicht haftbar gemacht werden. Das Werk und die darin gezeigten Modelle sind urheberrechtlich geschützt. Die Vervielfältigung und Verbreitung ist, außer für private, nicht kommerzielle Zwecke, untersagt und wird zivil- und strafrechtlich verfolgt. Dies gilt insbesondere für eine Verbreitung des Werkes durch Film, Funk und Fernsehen, Fotokopien oder Videoaufzeichnungen sowie für eine gewerbliche Nutzung der gezeigten Modelle. Die Fotorechte sind Eigentum des Verlages. Fotostudio Täubner.

Auflage: 5. 4. 3. 2. 1. | Letzte Zahlen
Jahr: 2002 2001 2000 1999 98 | maßgebend

ISBN 3-931568-11-3 · Best.-Nr. 5012

© 1998 Creativ Line
Autoren-Verlag GmbH
Druck: frechverlag GmbH + Co. Druck KG, 70499 Stuttgart

Mit 2 Vorlagenbogen

Wenn die Tage kürzer werden, die Blätter sich bunt färben und Regen und Wind die Sonne vertreiben, dann freuen sich die Kinder auf den Herbst. Schließlich gibt es in dieser Jahreszeit viel zu tun: So müssen Leitern und Körbe zu den Obstbäumen gebracht und Äpfel und Birnen geerntet werden. Auch bei der Kartoffelernte helfen alle mit, und sogar die Kleinsten sind mit Eifer bei der Sache. Aus Kürbissen kann man tolle Kürbisgeister basteln, und ein Laternenumzug macht allen Spaß. Abgeerntete Felder eignen sich natürlich bestens dazu, die selbst gebastelten Drachen steigen zu lassen.

Im Herbst bringen diese fröhlichen Kinder als farbenfrohe Fensterbilder aus Tonkarton Farbe und gute Laune in Ihre Wohnung. Mit wenigen Materialien und geringem Aufwand können Sie mit ihnen Ihre Fenster passend zur Jahreszeit schmücken.
So kommt bestimmt keine trübe Stimmung auf!

Schritt-für-Schritt-Anleitung

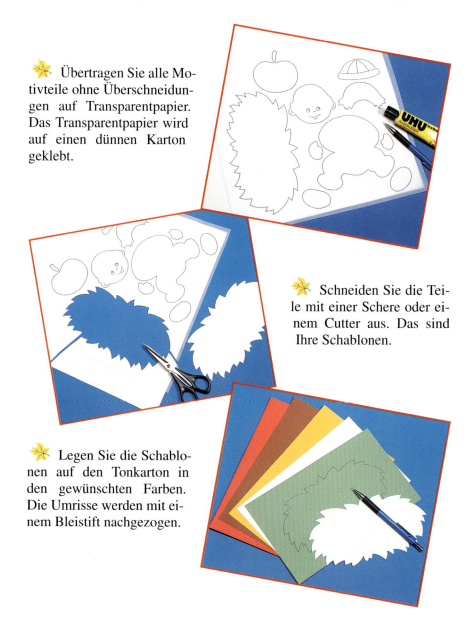

Übertragen Sie alle Motivteile ohne Überschneidungen auf Transparentpapier. Das Transparentpapier wird auf einen dünnen Karton geklebt.

Schneiden Sie die Teile mit einer Schere oder einem Cutter aus. Das sind Ihre Schablonen.

Legen Sie die Schablonen auf den Tonkarton in den gewünschten Farben. Die Umrisse werden mit einem Bleistift nachgezogen.

🌟 Nun werden die Teile exakt ausgeschnitten.

🌟 Zum Schluß werden die ausgeschnittenen Teile zusammengeklebt. Die Gesichter, Trennlinien, Nähte etc. werden mit einem feinen, schwarzen Filzstift aufgemalt. Für die Augen verwenden Sie am besten eine Kreisschablone.
Damit Vorder- und Rückseite identisch sind, werden die meisten Teile doppelt ausgeschnitten und in derselben Reihenfolge wie auf der Vorderseite, jedoch spiegelverkehrt, angeklebt.

Wir bringen die Leiter!

Motivhöhe ca. 19 cm

✳ Zuerst wird die Hose von hinten am Pullover befestigt. Auf sie werden mit schwarzem Filzstift kleine Kringel gemalt. Sie bekommt hellblaue Aufschläge, auf die die Schuhe geklebt werden.

✳ Bevor Sie den Kopf, die Leiter und den linken Ärmel aufkleben, legen Sie diese Teile auf den Pullover und finden durch Verschieben die richtige Position. Die rechte Hand wird direkt auf die Leiter geklebt.

✳ Zum Schluß befestigen Sie noch das Kätzchen an der Leiter.

Hallo, wir sind hier oben!

Motivhöhe ca. 31 cm

Der Pullover wird von hinten am Stamm und an den beiden Ästen angeklebt. Von vorne bringen Sie den Kopf, die Hände und die Hosenbeine samt Schuhen an.

Laterne, Laterne ...

Motivhöhe ca. 20 cm

🌟 Befestigen Sie die rechte Hand von hinten am Ärmel. Nun werden die blauen Pulloverteile sowie die gelben Strumpfhosenteile auf das rote Kleid-Beinteil geklebt.

🌟 Bringen Sie den Kopf an, und malen Sie das Gesicht mit schwarzem Filzstift auf.

🌟 Schieben Sie den Laternenstab unter die rechte Hand. Die linke Hand kleben Sie direkt auf den Stab.

🌟 Für die Laterne zeichnen Sie mit dem Zirkel einen Kreis (Radius 4,2 cm) auf gelben Tonkarton und schneiden ihn mit der Zackenschere aus.

Susi und der Kürbisgeist

Motivhöhe ca. 24 cm

🍁 Auf das rote Mützen-Pulloverteil kleben Sie das blonde Haarteil und darauf das Gesicht sowie den roten Mützensaum.

🍁 Malen Sie das Gesicht, die Linie auf der Mütze und die Kragenlinie auf.

🍁 Die Hose samt Schuhen wird von hinten am Pullover befestigt.

🍁 Kleben Sie den bemalten Kürbisgeist und die beiden Hände auf den Pullover. Die Herzen werden auf die Hose geklebt.

🍁 Beginnen Sie mit dem Zusammenbau des Obstwagens. Die Radnaben und der Griff des Wagens sind schwarze Klebepunkte (ø 8 mm). Das grüne Obst mit den schwarz angemalten Stielen wird von hinten am Wagen befestigt.

🍁 Kleben Sie auf den Kopf das Haarteil und die Mütze.

🍁 Am blauen Kittel wird von hinten die Hose samt Schuhen angebracht, von vorne werden Halstuch, Kopf und Ärmel samt Hand angeklebt. Nun kann Tobias seinen Wagen über die Wiese ziehen.

Tinchen schleppt Kartoffeln

Motivhöhe ca. 24 cm

🍁 Auf das gelbe Haarteil kleben Sie zuerst das Gesichtsteil und dann die Mütze.

🍁 Am blauen Kittel wird der Sack befestigt. Es folgen der linke Ärmel, die beiden Hände und der Kopf. Die Knöpfe sind rote Klebepunkte (ø 8 mm).

🍁 Die Hose samt Schuhen wird von hinten an den Kittel geklebt.

Tino und die Vogelscheuche

Motivhöhe ca. 30 cm

Tino:

Am blauen Kittel werden von vorne Halstuch, Kopf, Ärmelaufschläge und Flicken befestigt. Von hinten werden die Hände und die Hose samt Schuhen angebracht.

Vogelscheuche:

Hier werden am Kittel von vorne Halstuch und Flicken, von hinten Kopf und Holzarme sowie das Holzbein angeklebt.

Heute ist Drachenwetter

Motivhöhe ca. 24 cm

❋ Am Pullover wird von vorne das Gesichtsteil, von hinten das Haarteil befestigt. Anschließend kleben Sie die Mütze an.

❋ Die Hose samt Schuhen wird von hinten am Pullover angebracht.

❋ Kleben Sie den Drachen mit Schwanz und aufgemaltem Gesicht auf den Pullover. Die Hände werden auf den Drachen geklebt.

Den Drachen habe ich mit Vati gebastelt

Motivhöhe ca. 18 cm

Am Pullover wird von vorne der Kopf samt Haaren und Stirnband und von hinten die Hose samt Aufschlägen und Schuhen befestigt. Die Drachenaugen sind Klebepunkte (ø 8 und 12 mm).

Hoffentlich ist die Kartoffel bald gar

Motivhöhe ca. 19 cm

🍁 Auf die Jacke kleben Sie die Tasche, den Riegel, das Haarteil und darauf das Gesichtsteil. Von hinten wird die Hose samt Schuhen und Aufschlägen angebracht.

🍁 Setzen Sie das Mädchen auf den Kartoffelsack.

🍁 Jetzt kann der Ärmel samt Hand und Kartoffelstock angeklebt werden. Die Knöpfe sind rote Klebepunkte (ø 8 mm).

Mäxchen am Gartenzaun

(Abbildung Seite 19)

Motivhöhe ca. 20 cm

❋ Befestigen Sie an der Hose von hinten das weiße Hemd. Nun können von vorne der Kopf samt Mütze und die Schuhe angebracht werden.

❋ Stellen Sie Mäxchen hinter den Zaun. Die Hände werden direkt auf den Zaun geklebt. Achten Sie darauf, daß die Schuhsohlen und die Unterkanten der Zaunpfosten auf einer Linie liegen.

❋ Vor dem Zaun wird noch der Obstkorb angebracht, bevor das Ganze auf die Grasfläche geklebt wird.

Ich geh' mit meiner Laterne …

(Abbildung Seite 20)

Motivhöhe ca. 27 cm

❋ An den blauen Pullover kleben Sie von hinten das gelbe Haarteil. Nun kann das Gesicht angebracht werden.

❋ Die Hose samt Schuhen wird von hinten am Pullover befestigt. Kleben Sie den linken Ärmel samt Hand auf den Pullover. Der Laternenstab wird unter die linke Hand geschoben, während die rechte Hand direkt auf den Laternenstab geklebt wird.

❋ Nun kann das Mädchen auf den Boden geklebt werden.

Jetzt kann es regnen!

(Abbildung Seite 21)

Motivhöhe ca. 29 cm

❋ Kleben Sie das Gesichtsteil auf das gelbe Haarteil.

❋ Auf den blauen Mantel wird zuerst der rechte Ärmel samt Hand angebracht. Hinter die Hand wird später der Schirmstock geschoben. Nun können der Kragen und der Kopf befestigt werden.

❋ Von hinten kleben Sie die Beine samt Gummistiefeln an.

❋ Erst jetzt wird der Schirmstock unter die rechte Hand geschoben. Die linke Hand befestigen Sie direkt auf dem Stock.

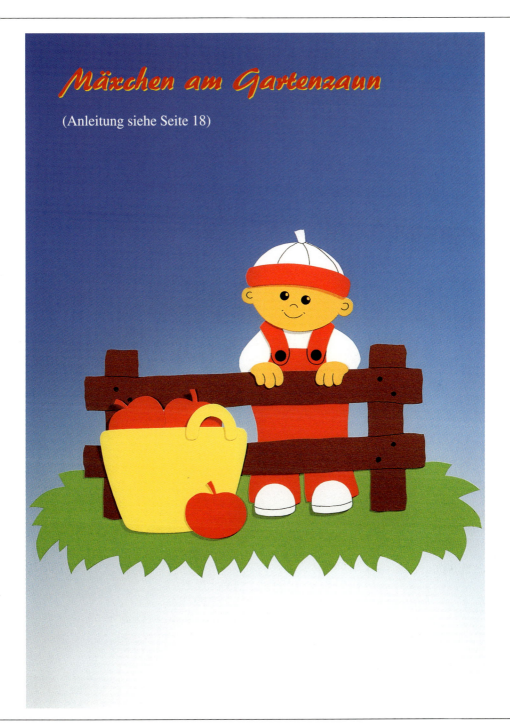

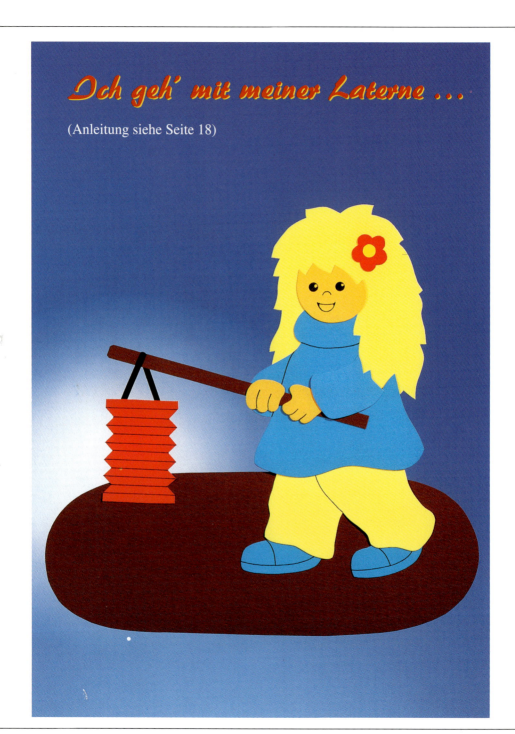

Bibi beim Laubkehren

Motivhöhe ca. 26 cm

❋ Kleben Sie die linke Hand von hinten an den Ärmel. Nun wird der Ärmel so am Kittel befestigt, daß später der Besenstiel hinter die Hand geschoben werden kann.

❋ Den Kopf mit dem aufgemalten Gesicht kleben Sie, leicht nach rechts geneigt, auf den Kittel.

❋ Die Hose samt Aufschlägen und Schuhen wird von hinten angebracht.

❋ Erst jetzt schieben Sie den Besenstiel unter die rechte Hand auf dem Pullover. Die linke Hand wird direkt auf den Besenstiel geklebt. Achten Sie darauf, daß die Unterkanten des Besens und die Schuhe auf einer Linie liegen.

Pilze sind mein Leibgericht

(Abbildung Seite 25)

Motivhöhe ca. 22 cm

✸ Am Pullover wird von vorne der Kopf und von hinten die Hose samt Aufschlägen und Schuhen befestigt.

✸ Kleben Sie zwei Pilze auf den Pullover und auf die Pilzstiele die beiden Hände.

✸ Pilze, Grasbüschel und den Jungen können Sie beliebig auf der Bodenfläche arrangieren.

Herbstwetter

(Abbildung Seite 26)

Motivhöhe ca. 27 cm

✸ Beim Schirm wird der Stock von hinten und die Spitze von vorne angeklebt.

✸ Legen Sie den Kopf an den Kragen an, und kleben Sie das blonde Haarteil auf. Nun wird die Hose samt Schuhen von hinten am roten Kittel befestigt. Erst jetzt können Ärmel, Hand und Schirm angebracht werden.

Lena läßt den Drachen steigen

(Abbildung Seite 27)

Motivhöhe ca. 37 cm

✸ Auf den roten Anorak kleben Sie zuerst das gelbe Haarteil und darauf das Gesichtsteil samt Mütze.

✸ Die Hose samt Schuhen sowie die linke Hand wird von hinten am Anorak angebracht.

✸ Jetzt kann die Schnurrolle zusammen mit einem Fadenstück und der rechten Hand am Anorak befestigt werden.

✸ Stechen Sie in die vier Ecken des Drachens jeweils ein Loch. Zwei kurze Fadenstücke werden über Kreuz durch die Löcher gezogen und auf der Rückseite verknotet. Am Kreuzungspunkt der Fäden knoten Sie die Drachenschnur an.

Pilze sind mein Leibgericht

(Anleitung siehe Seite 24)

Herbstwetter

(Anleitung siehe Seite 24)

Lena läßt den Drachen steigen

(Anleitung siehe Seite 24)

Nach getaner Arbeit ist gut ruhn

Motivhöhe ca. 15 cm

🍁 Auf die Kartoffelsäcke kleben Sie zuerst den Schuh, dann die Hose, die Jacke und darauf das gelbe Haarteil.

🍁 Jetzt können Gesichtsteil, Ärmel und Hände angebracht werden.

Benni und der Riesenapfel

Motivhöhe ca. 20 cm

✤ Auf den Kopf kleben Sie zuerst Haarteil und Mütze. Den Kopf befestigen Sie ebenso wie auch die Füße, den Apfel und die Hände auf dem weißen Rumpf.

✤ Setzen Sie Benni dann auf die Grasfläche.

Ein Apfel für unterwegs

Motivhöhe ca. 27 cm

🍁 Kleben Sie das Gesicht auf das schwarze Haarteil.

🍁 Am Pullover wird der rechte Ärmel so befestigt, daß später der Holzstock unter die Hand geschoben werden kann. Die Hose kleben Sie von hinten an den Pullover.

🍁 Nun wird der Stock unter die linke Hand geschoben. Die rechte Hand kleben Sie direkt auf den Stock.

Die letzten Äpfel

Motivhöhe ca. 32 cm

🍁 Am Pullover wird von vorne der Kopf und von hinten die Hose samt Schuhen befestigt.

🍁 Stellen Sie den Jungen so hinter den Baum, daß der ausgestreckte Arm und ein Teil der Hose vom Stamm verdeckt werden.

🍁 Nun wird der linke Ärmel samt Hand am Pullover angebracht. Die rechte Hand kleben Sie direkt auf den Stamm.